potブックス

まいにち元気!

0・1歳児のあそびBook

チャイルド本社

まいにち元気!
0・1歳児のあそびBOOK

Contents

0歳児
触れ合いあそび

0歳児
身近な物を使ったあそび

0歳児
歌あそび

0歳児

手作りおもちゃを使ったあそび

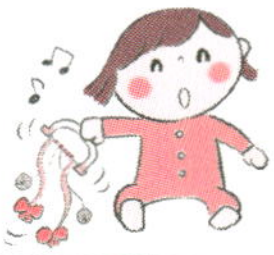

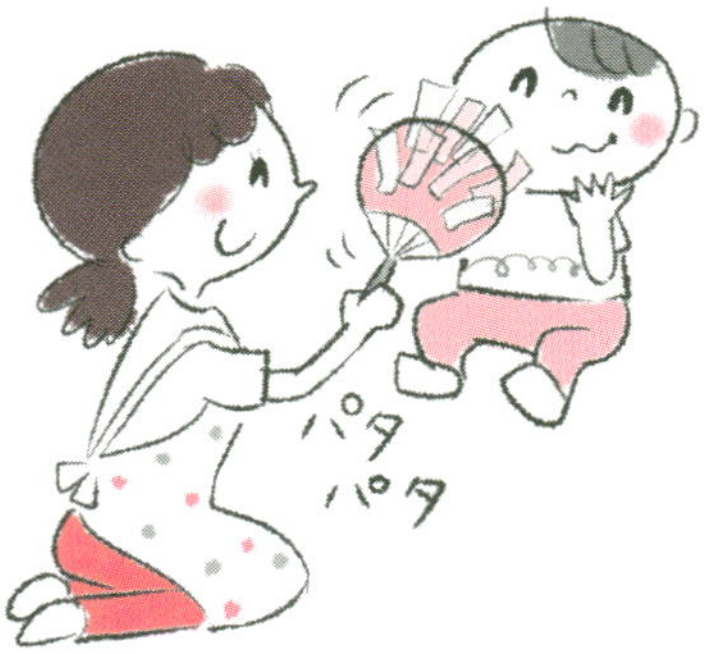

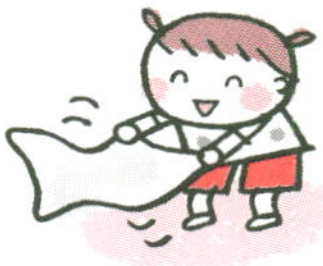

1歳児

春のあそび

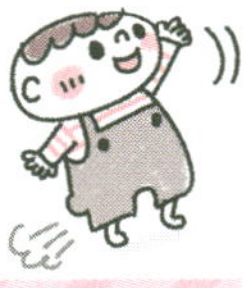

1歳児

夏のあそび

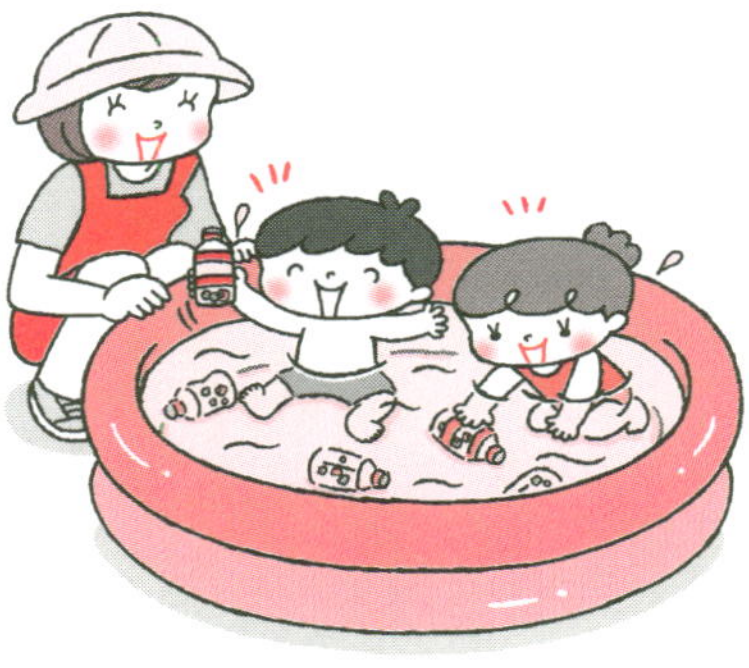

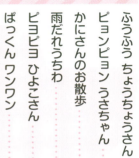

1歳児

秋のあそび

1歳児

冬のあそび

0歳児の
あそび

たっち たっち ドーン

ねらい

保育者に体を支えてもらいながら、足腰を使った動きを楽しむ。

1

子どもの両脇を支えて、保育者の膝の上で立たせてバランスをとります。

2

タイミングよく「ドーン」と声をかけながら子どもを膝に座らせます。

3

「できたね〜」などと声をかけながら、子どもの体をくすぐってスキンシップを楽しみます。何度も繰り返して遊びましょう。

くぐって 登って…

ねらい

手足を使った動きを促しながら、保育者との触れ合いを深める。

1

保育者は腕を曲げたり伸ばしたりして、いろいろな大きさのトンネルを作ります。子どもは保育者のおなかの下をくぐって遊びます。

小さいトンネル

大きいトンネル

2

保育者は腹ばいになって小さい山を作ったり、背中を高くして大きい山を作ったりします。子どもは、保育者の背中によじ登って遊びます。

小さい山

大きい山
がんばれ
よいしょ！

サポート役の保育者は、「がんばれ」「よいしょ」「すごい」などの言葉をかけたり手を添えたりしてあげましょう。

飛行機ブーン

ねらい

さまざまな動きの感覚を楽しみながら、保育者と楽しく遊ぶ。

1

膝下部分に子どもを乗せ、両手で子どもの体を支えます。「ビューン」と言いながら膝を曲げて引き寄せ、足先を上げたり、子どもをおなかに乗せてくすぐったりします。

虹の向こうへ～
ビューン!
あっ!雷だ
ゴロゴロー

2

子どもを抱いて、高低の変化をつけて動かしたり、大きくひと回りしたりします。

雲の周りを
グルグル
高い屋根も
ひと飛びー
○○ちゃんの
飛行機
遠くのお山へ
飛んで
行け～

小僧ねろ

○○ちゃんの指であそびましょう

子どもを後ろから抱えるように保育者の膝の上に乗せます。唱え言葉のように節をつけてうたいながら、子どもの指を1本ずつつまんで手のひらへ倒していきます。もう片方の手で、子どもの手を下から支え、指を押さえてあげましょう。

ねらい

言葉のリズムを楽しみながら、保育者といっしょに遊ぶ。

1 ♪こぞうねろ

小指をつまんで倒します。

2 ♪おいしゃねろ

くすり指をつまんで倒します。

3 ♪せいたかねろ

中指をつまんで倒します。

4 ♪おれもねるから

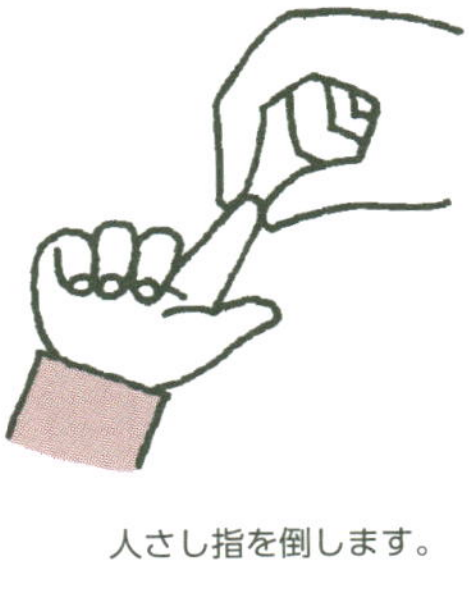

人さし指を倒します。

5 ♪われもねろ

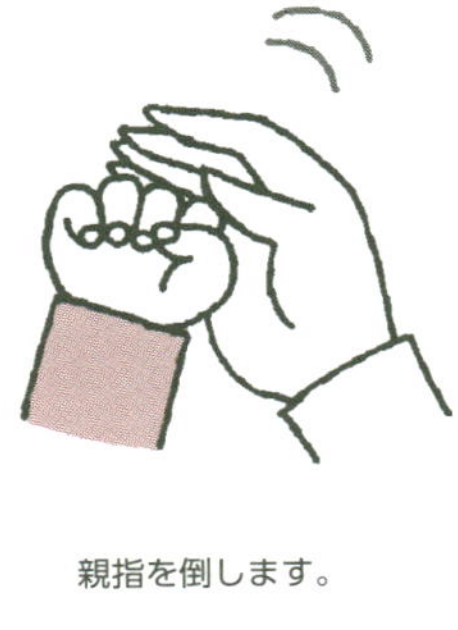

親指を倒します。

みんな寝ちゃったね

子どもの手を包みます。

ロケット飛ぶよ

ねらい

ロケット遊びを通して保育者とのスキンシップを楽しむ。

1

「ロケット飛ぶよ　ビューンビュン」と声をかけながら、子どもの両足を屈伸するように曲げ伸ばしします。

2

「3、2、1、発射です」と言って、両手で子どもの足の裏を押し、床の上を滑らせます。

②のアレンジ

少し曲がるように子どもを滑らせます。

「ガタガタガタガタ」と言って、体を揺らしたり、くすぐったりします。

おふねを こいで

ねらい

保育者とリズミカルな動きを楽しみ、いっしょに遊ぶ楽しさを味わう。

保育者は軽く膝を曲げて、床に座ります。膝の上に子どもを座らせて、自由なリズムで唱え歌をうたいながら、触れ合い遊びを行います。

1

♪おふねをこいで ゆらゆら
おふねをこいで ゆらゆら
おふねをこいで ゆらゆらりー

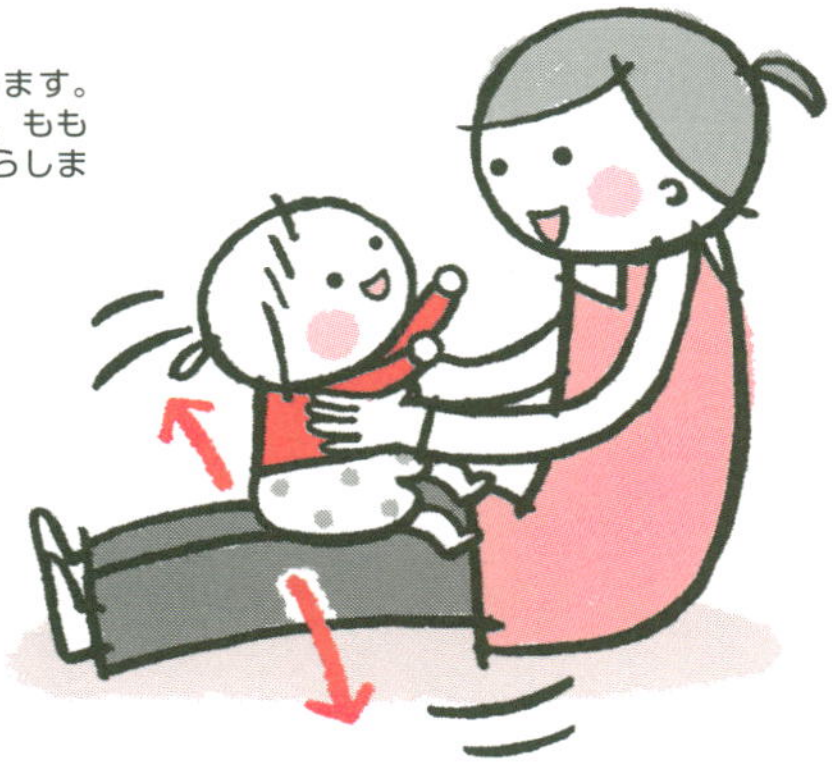

膝を左右に揺らします。座れない子どもは、ももの上に寝かせて揺らしましょう。

2

♪おおなみがきた

膝を高く上げます。

3

♪ザッブ～ン

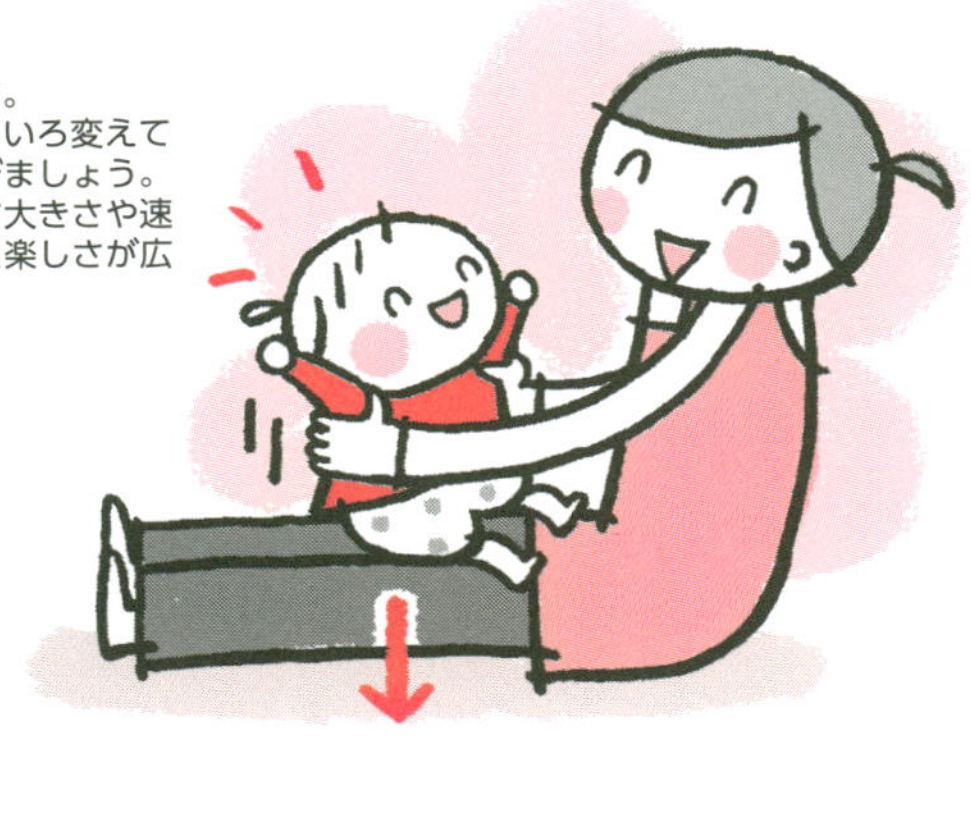

膝を下げます。リズムをいろいろ変えて繰り返し遊びましょう。また、揺らす大きさや速さを変えると楽しさが広がります。

ほっぺに タッチッチ

ねらい

体のあちこちを触られる心地よさを感じながら、保育者とのスキンシップを楽しむ。

唱え歌をうたいながら、リズムよく子どもの体をタッチする遊びです。頬や手足、おなかなど、いろいろなところにタッチして遊びましょう。また、指先や手のひらを使うなど、タッチのしかたも変えてみましょう。

1

♪ほーっぺ ほっぺ タッチッチ
ちょんちょんちょんちょん タッチッチ

2

♪おーてて おてて タッチッチ
つんつんつんつん タッチッチ

3

♪あーんよ あんよ タッチッチ
こちょこちょこちょこちょ タッチッチ

タッチするところや歌詞を、自由にアレンジして楽しみましょう。

ロケット ゴ～！

保育者は子どもの体（脇）を両手でしっかりと支え、「1・2の3、ロケットゴ～！」と言って高く持ち上げます。「宇宙を飛ぶよ プ～カプカ」などと声をかけながら、子どもの体を揺らしたり、1周回ったりして遊びます。

ねらい

保育者との触れ合いを楽しむなかで、保育者への信頼感を深める。

最後に保育者は膝をつき、「お帰りー！」と言って子どもを抱き締めます。

ハンカチかくれんぼ

ねらい

保育者との関わりを楽しみながら、物の感触を確かめたり、音を聞いたりして遊ぶ。

1

保育者はガラガラやボール、ブロックなど、子どもが見てわかりやすい形のおもちゃを大判のハンカチやバンダナで包みます。「なにかな？　なにかな？　中身はなあに？」と言いながら、子どもの前でハンカチに触ったり、振って音を聞かせたりします。

カランカラン音がするね
カラン
カラン

子どもが興味をもち、ハンカチに触れたり、音を聞いたりすることを楽しみ始めたら、保育者は「柔らかいね」「カランカラン音がするね」などと、子どもが感じていることを言葉にして表現します。

2

保育者はハンカチをほどいて、子どもといっしょに中身を確かめ、中に入っていた物を使って遊びます。ハンカチに包むおもちゃを替えて、繰り返し楽しみましょう。

ガラガラでした！
ヒラリ

トントントン だーあれ？

1

空き箱を逆さまにして床に伏せ、子どもに見えないように、ぬいぐるみやおもちゃを隠します。箱の底をノックするようにたたきながら「トントントン　だーあれ？」と問いかけます。

トントントン
だーあれ？
トントン

2

ねこのぬいぐるみを入れていたら、「ニャーニャー　ねこさん！」と言って箱を持ち上げて、中身を見せます。箱の中身を替えて、繰り返し遊びます。

ニャーニャー
ねこさん！

ねらい

なにが隠れているのかを想像しながら、保育者と関わる喜びや楽しさを知る。

タオルで 汽車ポッポ

ねらい

引っ張られて進む楽しさを味わい、保育者との遊びを楽しむ。

1

バスタオルの上に子どもをうつ伏せ（あおむけも可）にして乗せます。保育者は、後ろに下がりながら、バスタオルを引っ張ります。

2

ぬいぐるみを駅に見立てて遊んでみましょう。

ねんねごっこあそび

ねらい

保育者のまねをしながら遊び、同じ動きで遊ぶ楽しさを味わう。

1

保育者は子どものそばにぬいぐるみを寝かせ、バスタオルを布団に見立ててかけます。

うさちゃんねんね
トーントン

保育者は「うさちゃんねんね トーントン」と言いながら、ぬいぐるみのおなかをポンポンと軽くたたき、寝かしつけるまねをします。

2

子どもは寝ているぬいぐるみの隣で、もう1枚のバスタオルを布団に見立てて寝るまねをします。

○○ちゃんもねんね
トーントン

保育者は「○○ちゃんもねんね トーントン」と言いながら、子どものおなかをポンポンと軽くたたき、寝かしつけるまねをします。

3

保育者は「○○ちゃんもやってみる?」と声をかけます。子どもも別のぬいぐるみを寝かせてバスタオルをかけます。

くまさんもねんね
トーントン

「くまさんもねんね トーントン」と言いながら、子どもはくまのぬいぐるみを、保育者はうさぎのぬいぐるみを寝かしつけるまねをします。

パペットで こんにちは

ねらい

人形の動きに興味をもち、人形を介した保育者との遊びを楽しむ。

1

パペットで遊びます。子どもの名前を呼んだり、体を「チュッチュッ」とタッチしたりしてみましょう。

りんちゃん、こんにちは！ほっぺにチュッ
バンダナ
トイレットペーパーの芯を切って顔を描く

2

子どもの背中や腕を滑り台に見立てて、「登って登ってシュー」と遊んだりしても楽しめます。

登って登ってシュー

プクプクボールプール

ねらい

プクプクボールの感触や美しさを感じながら、プールごっこ遊びを楽しむ。

1

子どもに「お水どうぞ」と声をかけながら、プクプクボールを渡したり、バケツに移し替えたりしながら遊びます。

お水パシャパシャ
冷たいね

細く切ったいろいろな色のスズランテープをポリ袋に入れ、口を輪ゴムで結んで、プクプクボールを作ります。

2

慣れてきたら、「プールに入ってみる？　じゃっぽーん」と声をかけてプールに入れ、プクプクボールをつかんだり、すくって上からかけたりして遊びます。

お水パシャパシャ
してみてね
キャー！

ナイスキャッチ！

ねらい

物が転がる動きを楽しみながら、保育者や友達と触れ合って遊ぶ。

1

保育者と子どもが向かい合って座り、いろいろな物を転がしてキャッチボールをして遊びます。

コロコロ～
行ったよー！
新聞紙を
丸める
カラーポリ袋を丸めて
ビニールテープで留める
クラフトテープの芯に
ビニールテープを貼る

2

坂道を作り、子どもたちは斜面の上と下に分かれて、いろいろな物を転がしたり、転がってくる物をキャッチしたりして遊びます。

キャッチ
できるかな？
トイレット
ペーパーの芯
丸めた新聞紙
ビニール
ボール
段ボール板
段ボール板の端を
空き箱の角につけると安定する
空き箱
養生テープで留める
積み木

タオルボールで 遊ぼう！

1

フェイスタオルを結び、端を結び目の間に入れ込んで、タオルボールを作ります。ボールを転がして追いかけたり、箱に投げ入れたり、保育者とキャッチボールをしたりして遊びます。

箱の中に
ポンってしてね
エイー！

ねらい

タオルの感触を楽しみながら、体を思い切り動かして遊ぶ。

2

バスタオル2～3枚と平ゴムを使い、丸めて大きなボールにしたり、細長く巻いてクッションにしたりします。転がしたり、抱きついたりして触り心地を楽しみながら遊びます。

ヨイショ！
ヨイショ！

0歳
身近な物を使ったあそび

てのひら ぽっつんこ

子どもの表情を見ながら笑顔で、リズミカルに言葉を唱えながら遊びます。特に「♪ぽっつんこ」や「♪ギュー」は歯切れよく言いましょう。

ねらい

手を軽くつついたり、つねったりして、リズミカルなスキンシップを楽しむ。

1 ♪てのひらぽっつんこ

子どもの手のひらを人さし指で３回つつきます。

2 ♪ひっくりかえして

子どもの手を裏返します。

3 ♪ギュー

子どもの手の甲を軽くつねります。

手のひらを足に変えて、同様に遊んでみましょう。

てのひらぽっつんこ

わらべうた

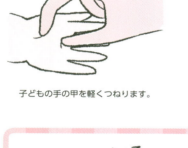

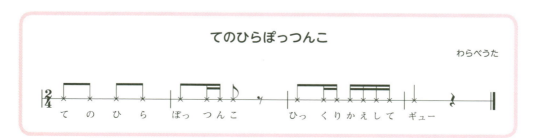

ふわふわ ほっぺ

ねらい

子どもの顔をなでたり、つついたりしながら、スキンシップを楽しむ。

子どもを膝に乗せて向かい合い、頬に触れて遊びます。「♪にこにこほっぺ」を「♪○○ちゃんのほっぺ」と子どもの名前に替えてうたってみてもよいですね。

1 ♪ふわふわほっぺを

子どもの頬を円を描くようになでます。

2 ♪ぽんぽんぽん

リズムに合わせて頬を軽くたたきます。

3 ♪にこにこほっぺを

❶と同様にします。

4 ♪つんつんつん

リズムに合わせて頬を軽くつつきます。

♪ふわふわ
おててを…

♪ふわふわ
おなかを…

「ほっぺ」だけでなく「おなか」や「おてて」に替えて遊んでみましょう。

ふわふわほっぺ

作詞・作曲／浅野ななみ

ふ わ ふ わ ほっ ぺ を ぽん ぽん ぽん
に こ に こ ほっ ぺ を つん つん つん

あんで トントン

保育者は子どもを膝に乗せ、子どもの手を持っていっしょに動作をしたり、子どもに触れたりして遊びます。

ねらい

リズミカルに手足を動かしながら、スキンシップを楽しむ。

1 ♪あんよで

子どもの足を軽くたたきます。

2 ♪トントン

子どもの両足を持って、歌詞に合わせて上下に揺らします。

3 ♪おててを

子どもの手を軽くたたきます。

4 ♪パチパチ

子どもの両手を持って、歌詞に合わせて拍手します。

5 ♪あんよでトントントン

❶❷と同様にします。

6 ♪おててをパチパチパチ

❸❹と同様にします。

あんよでトントン

作詞／浅野ななみ

作曲／佐倉智子

どこかな ぱっとでた

歌に合わせて子どもの頭にかぶせたハンカチを保育者が取ったり、保育者が顔を隠したりして遊びます。

ねらい

保育者と「いないいないばあ」遊びのやり取りを楽しむ。

1 ♪どこかな どこかな

子どもの頭にハンカチをかぶせます。

2 ♪ぱっと でた

ハンカチをさっと上げます。

3 ♪どこかな どこかな ぱっと でた

❶❷と同様にします。

4 ♪ふわふわほっぺの ○○ちゃん

子どもの頬をハンカチでなでます。

5 ♪いない いない ない

保育者はハンカチを広げて自分の顔を隠します。

6 ♪ばあ！

♪ばあ！

保育者はハンカチを取って子どもに顔を見せます。

どこかな　ぱっとでた

作詞・作曲／浅野ななみ

どこ かな どこ かな ぱっ と で た どこ かな どこ かな ぱっ と で た
ふわ ふわ ほっ ぺの ○ ○ ちゃん いない いないない ばあ！

いちご たべたいな

保育者は子どもを膝に乗せ、子どもの手を持っていっしょに動作をしたり、子どもに触れたりして遊びます。

ねらい

リズムに合わせてスキンシップを楽しみながら、保育者との触れ合いを深める。

1 ♪まっかなまっかな

子どもの手を持って、2回手をたたきます。

2 ♪いちご

子どもの手を持って、頬に3回触れます。

3 ♪ひとつつまんで

1と同様にします。

4 ♪たべちゃおう

2と同様にします。

5 ♪モグモグパク モグモグパク

子どもの頬をつまむしぐさを繰り返します。

6 ♪もひとつたべたい

子どもの手を持って、胸の前でかいぐりをします。

7 ♪いちご

2と同様にします。

いちごたべたいな

作詞・作曲／浅野ななみ

はらぺこ くまさん

保育者と子どもが向かい合って座り、保育者がうたいながら子どもの顔や体に触れて遊びます。

ねらい

言葉のリズムに合わせて、リズミカルなスキンシップを楽しむ。

1 1番

♪はらぺこくまさん
おさんぽだ
トットコトットコ
ズンズンズン

保育者は２本の指を、子どもの体の上を自由に歩くように動かします。

2

♪まっかなりんごを
みつけた

指先で子どもの頬を軽くつつきます。

3

♪ムシャムシャパクパク

指で子どもの頬をつかむように動かします。

4

♪あーおいしい

子どもの頬を軽くたたきます。

2番

１番に準じます。「♪ちっちゃなくりのみ」の部分は、子どもの鼻を指先でつつきます。「♪ムシャムシャパクパク」の部分は、子どもの鼻をくすぐります。

はらぺこくまさん

作詞・作曲／浅野ななみ

えんとつサンタさん

保育者の膝に子どもを座らせて遊びます。保育者が腕に鈴を付けると、動くときに鈴の音も楽しめ、クリスマスの雰囲気も盛り上がります。

ねらい

触ったり軽くたたいたりくすぐったりと、リズミカルな触れ合い遊びを楽しむ。

1

♪リンリン　サンタさんが
やってきた

膝を伸ばして座った保育者の上に子どもが座り、つないだ手を上下に動かします。

2

♪えんとつ　みつけて

保育者はチョキにした指で子どもの手の甲から肩まで、歩くように動かします。

3

♪シューッ　トン

子どもの肩から手の甲までチョキにした手でなで下ろし、「トン」で手の甲を軽くたたきます。

4

♪「プレゼントでーす」

「プレゼントでーす」と言いながら、子どもの体をくすぐります。

えんとつサンタさん

作詞・作曲／浅野ななみ

リ ン リ ン サ ン タ さ ん が や っ て き た
え ん と つ み つ け て シュー ッ ト ン 「プレゼントでーす」

もちもち おもち

保育者の膝に子どもを乗せて遊びます。保育者が腕に鈴を付けると、動くたびに鈴の音も楽しめ、盛り上がります。

ねらい

子どもの体に触れたり、持ち上げたり、くすぐったりして、スキンシップを楽しむ。

1番

1 ♪ぺったん ぽん ぺったん ぽん

保育者は足を伸ばして座り、膝に子どもを乗せて足を持ち、上下に交互に動かします。

2 ♪もちもち おもちを

リズムに合わせて、子どもの足をつかむしぐさをします。

3 ♪ぺったん ドーン

ドーン

子どもの足を持って体を持ち上げ、両足を開いて「ドーン」と言いながら、そっと床に下ろします。

2番

♪むしゃ むしゃ むしゃ

むしゃ
むしゃ

1番に準じます。「♪むしゃ むしゃ むしゃ」の部分は、子どもの体を両手でくすぐります。

もちもち おもち

作詞・作曲／浅野ななみ

1. ぺっ たん ぽん ぺっ たん ぽん
2. ぺっ たん ぽん ぺっ たん ぽん
も ち も ち お も ち を ぺっ たん ドーン
も ち も ち お も ち を むしゃ むしゃ むしゃ

ふうふう ちょうちょうさん

保育者は子どもを膝に抱き、子どもの目の前でおもちゃを振って鳴らしたり、リボンに息を吹きかけて動かしたりします。

ねらい

おもちゃの音や動きを楽しみながら、保育者への親近感を深める。

作り方

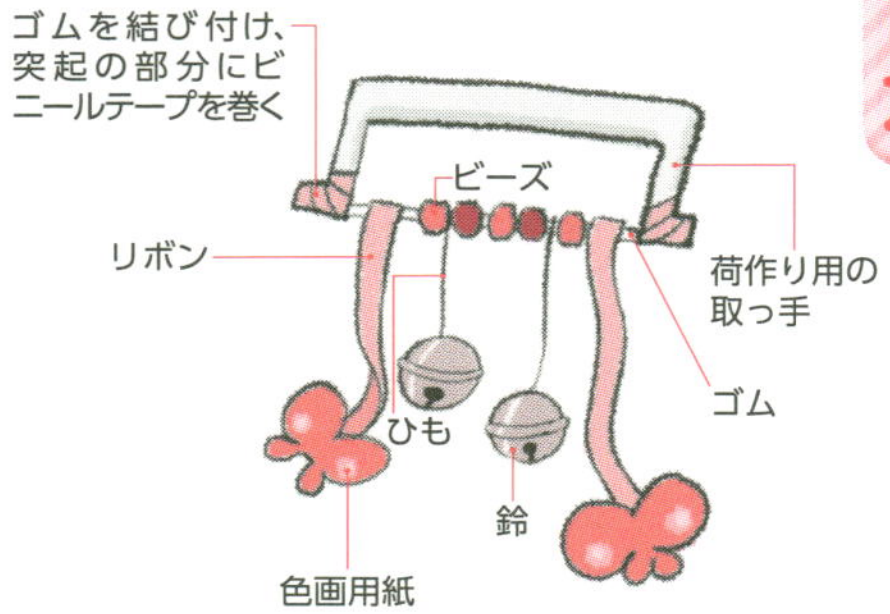
ゴムを結び付け、突起の部分にビニールテープを巻く
ビーズ
リボン
荷作り用の取っ手
ひも
ゴム
鈴
色画用紙

鈴の音が聞こえるよー
リンリン

ちょうちょうさん ふ〜〜
キャッ キャッ

はいはい期の子どもには、おもちゃの音や動きで楽しくはいはいを促します。

こっちだよー

おすわり期の子どもは、自分でおもちゃを振って鳴らします。

いい音ね〜

ピョンピョン うさちゃん

はいはいの子どもを後ろからうさちゃんが追いかけます。はいはいの活発な動きを促す遊びです。

ねらい

保育者とやりとりをする中で、はいはいの動きを十分に楽しむ。

作り方

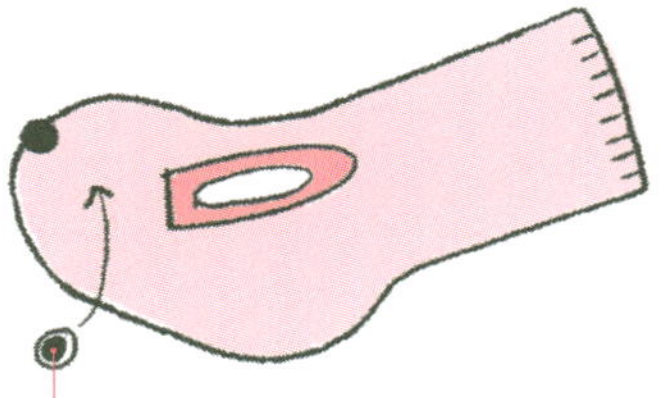

フェルトで作ったうさぎの顔を靴下に布用両面テープで貼り付ける

保育者はうさちゃんを手にはめて、子どもの後方から追いかけます。ときどき「おしりをぱっくん」などと、子どものおしりを捕まえるしぐさをします。

子どもが逃げて、うさちゃんが追いかけるという動きを繰り返しながら、はいはいの動きを楽しみます。

最後は子どもの体をくすぐったり、抱きしめるなどしてスキンシップを楽しみます。

かにさんのお散歩

かにさんを操り人形のように動かしたり、話しかけたりして遊びます。

作り方

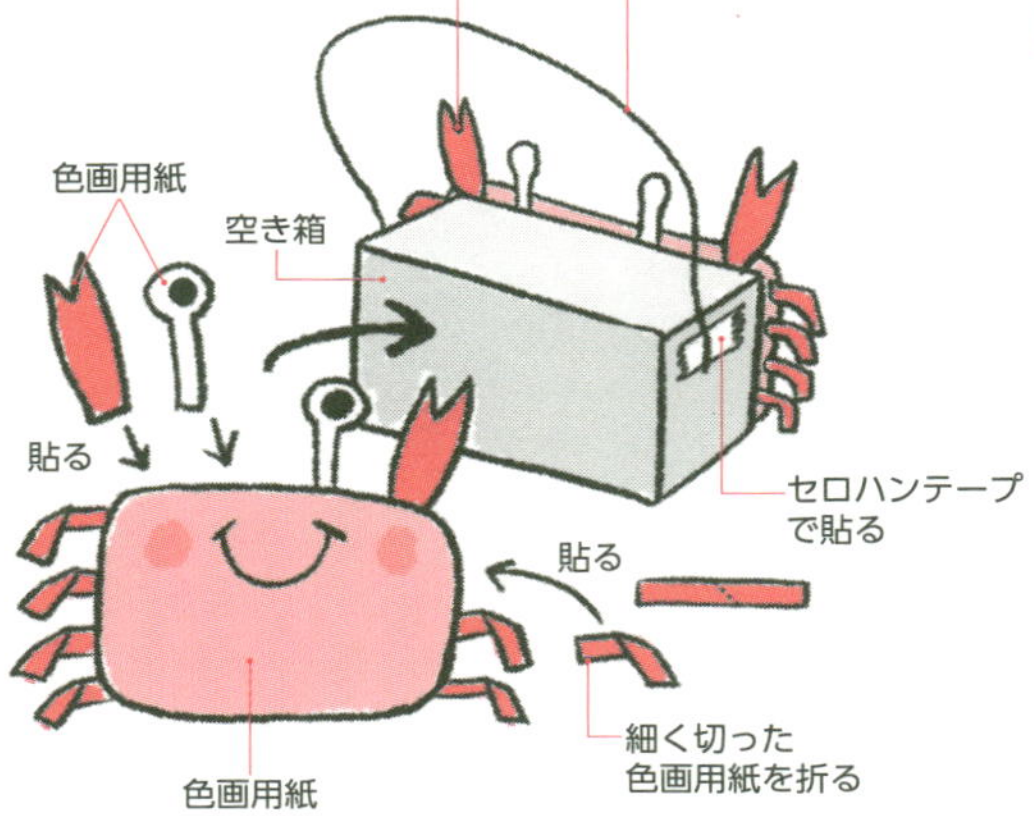

ねらい

かにの人形とのやりとりや動きを楽しんだり、はいはいや伝い歩きなどの体の動きを促す。

つかまり立ち期の子どもには、少し離れた場所から声をかけ、伝い歩きを促します。

はいはい期の子どもには、かにさんを移動させながら「よいしょ、ここまでおいで」と声をかけ、はいはいの動きを促します。

雨だれうちわ

うちわを動かして、ビーズが当たる音を出したり、うちわを裏返して子どもの体にスズランテープが触れるくらいの位置でパタパタと動かしたりして遊びます。

ねらい

ビーズの音やうちわの風、スズランテープが体に触れる感覚を楽しむ。

作り方

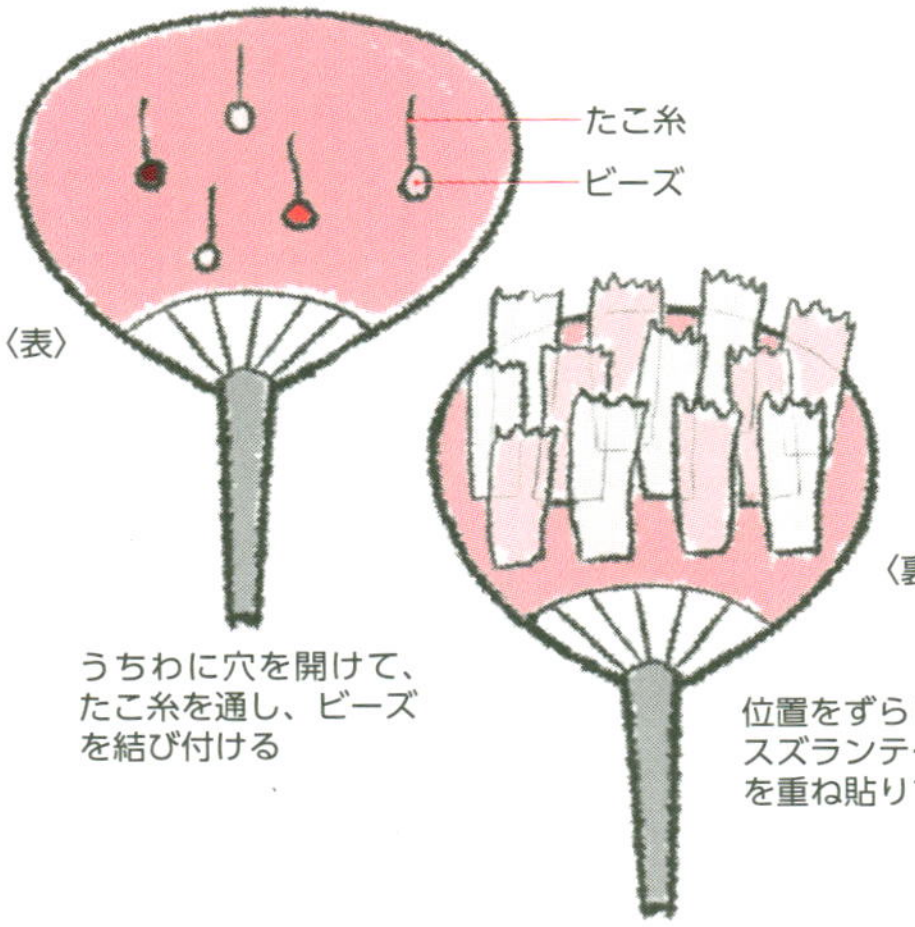
たこ糸
ビーズ
〈表〉
〈裏〉
うちわに穴を開けて、たこ糸を通し、ビーズを結び付ける
位置をずらしてスズランテープを重ね貼りする

なんの音かな？
ポツポツ
雨ザーザーだよ〜
パタパタ

ピヨピヨ ひよこさん

色画用紙で作ったカードを利用して保育者とのやりとりを楽しんだり、自分でもカードを開けたり閉めたりして遊びます。

ねらい

中からなにが出てくるのか、期待しながら開けることや保育者とのやりとりを楽しむ。

作り方

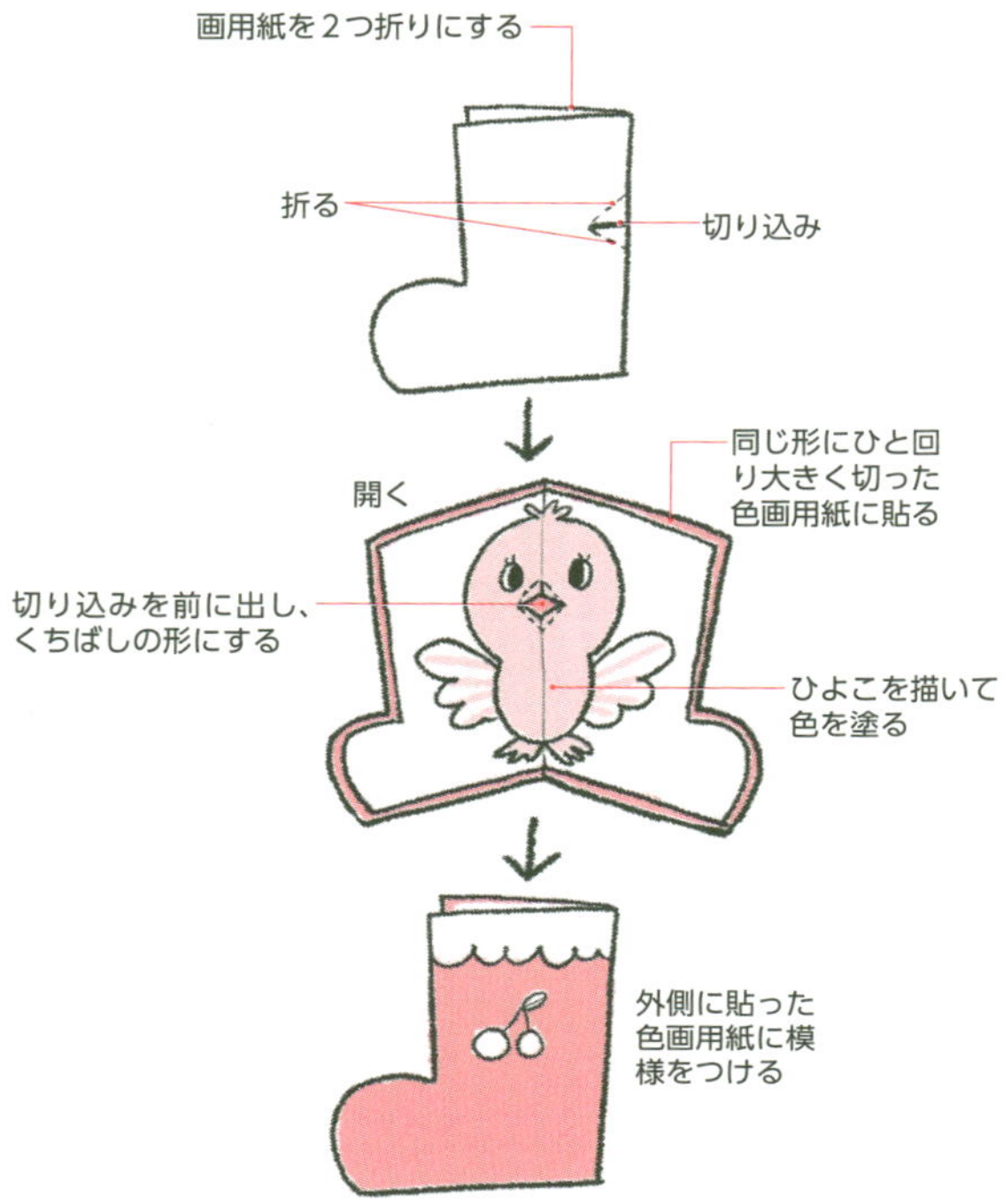
画用紙を２つ折りにする
折る
切り込み
開く
同じ形にひと回り大きく切った色画用紙に貼る
切り込みを前に出し、くちばしの形にする
ひよこを描いて色を塗る
外側に貼った色画用紙に模様をつける

※口が開閉することを生かして、サンタさんなど、他の物も作ってみましょう。

お口パクパク
ピピピ〜

靴下のカードを開閉するとひよこの口が動きます。保育者が動かしながら、子どもにいろいろ話しかけてあげましょう。

ばあ

子どもが自分で開けたときには「ひよこさんだね」「いないいない　ばあ！」と声をかけることで開ける楽しさが広がります。

ぱっくんワンワン

ワンワンボックスに子どもがカラーボールを入れて遊びます。ボックスがいっぱいになったら、箱の底を開けてカラーボールを取り出し、繰り返し遊びます。

ねらい

カラーボールをいぬの口に入れたり、箱から転がり出てくる遊びを楽しんだりする。

作り方

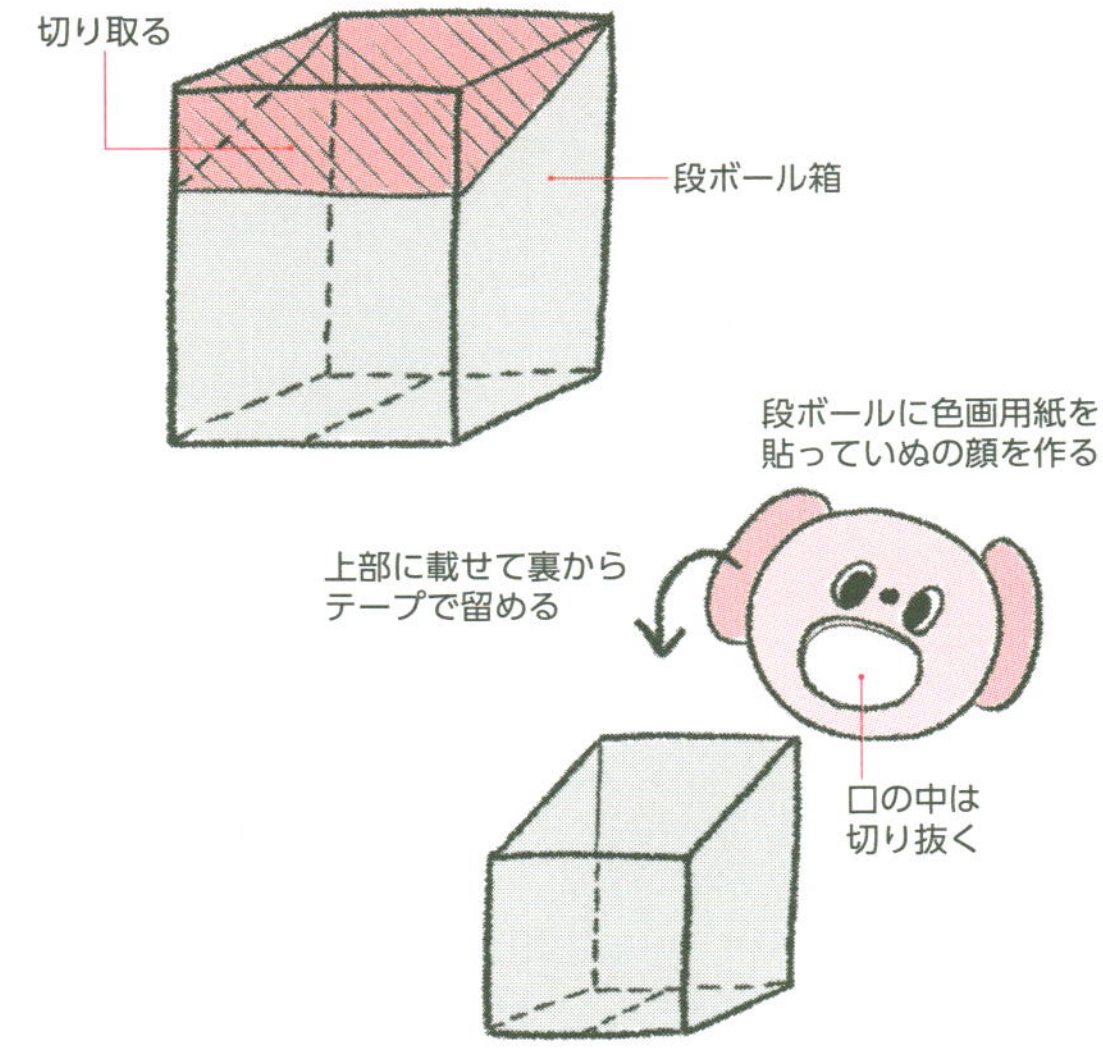

切り取る
段ボール箱
段ボールに色画用紙を貼っていぬの顔を作る
上部に載せて裏からテープで留める
口の中は切り抜く

ワンワン、おいしいおいしいって

「ぱっくん」「おいしい！」などと声をかけて、子どもの気持ちを盛り上げてあげましょう。

わぁ、出てきたよ～

転がったボールをいっしょに拾いにいき、繰り返し遊びましょう。

おにさん ゴロリン

保育者といっしょに積み木を積んだり、崩したりして遊びます。

ねらい

積み木を崩す遊びを楽しみながら、保育者とのやりとりを楽しむ。

作り方

積み木に色画用紙やビニールテープを貼って、おにの顔を作る。

保育者が積み木を積み上げ、一番上におにの積み木を載せて「大きなおにさんができたよ！」などと言葉をかけます。

子どもが積み木に触れて崩したら、「ゴロゴロリ～ン」などの擬音や「わ～い、やっつけた！」などと言葉をかけて、いっしょに喜んであげましょう。

子どもといっしょに積み木を積み直し、繰り返し遊びましょう。

リンリン こんにちは

リングを引くと、鈴の音とともに動物が顔を出す、楽しい引っ張りおもちゃで遊びます。

作り方

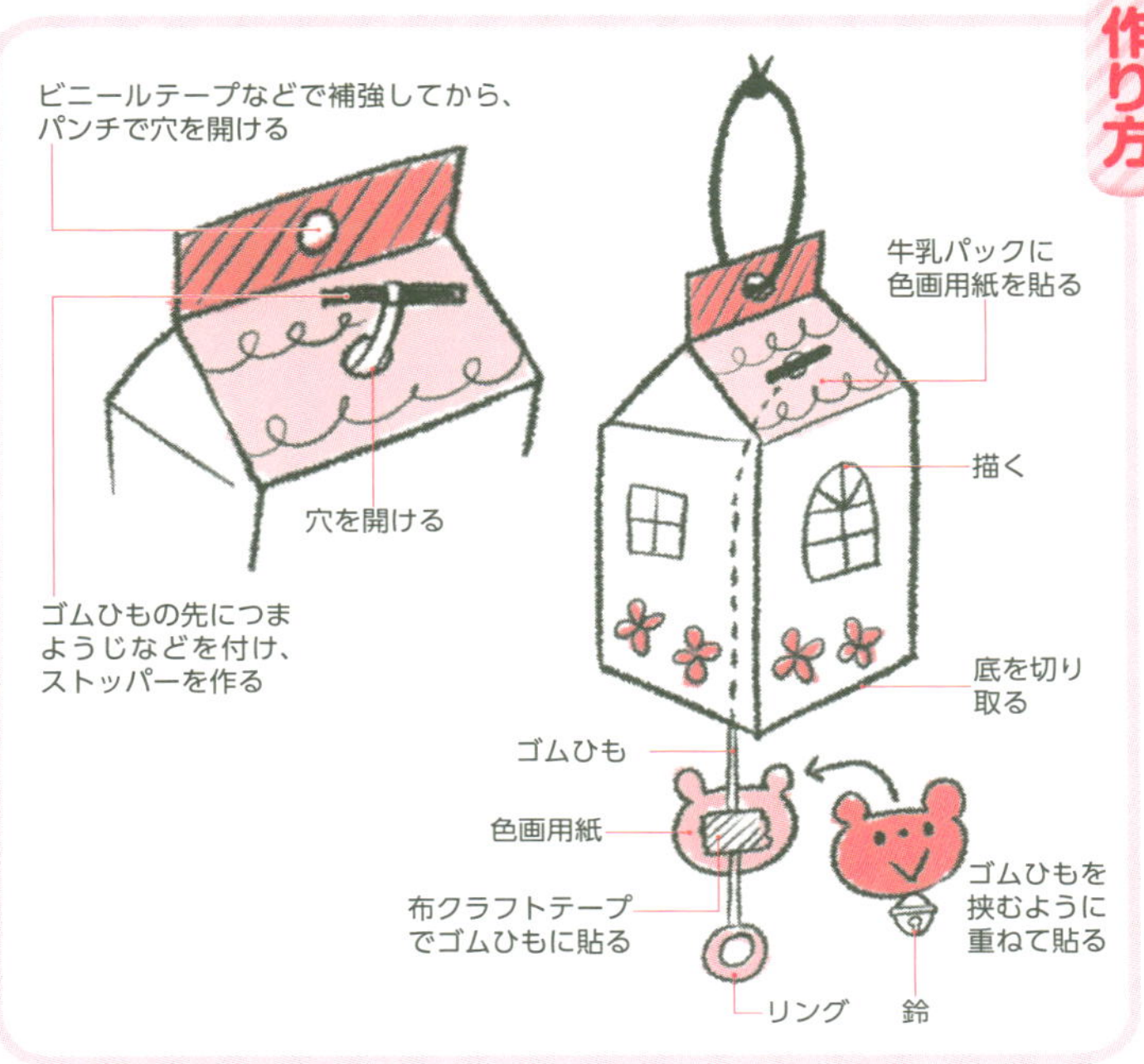

ねらい

引っ張る動作を繰り返しながら、動物が出てくる様子を楽しむ。

くまちゃんボックス

くまちゃんの口に手を入れると、いろいろな物が出てきます。出てきた物を使ってやりとりしながら遊びます。

ねらい

いろいろな物に触れることで好奇心を刺激したり、取り出した物で保育者と遊ぶ。

作り方

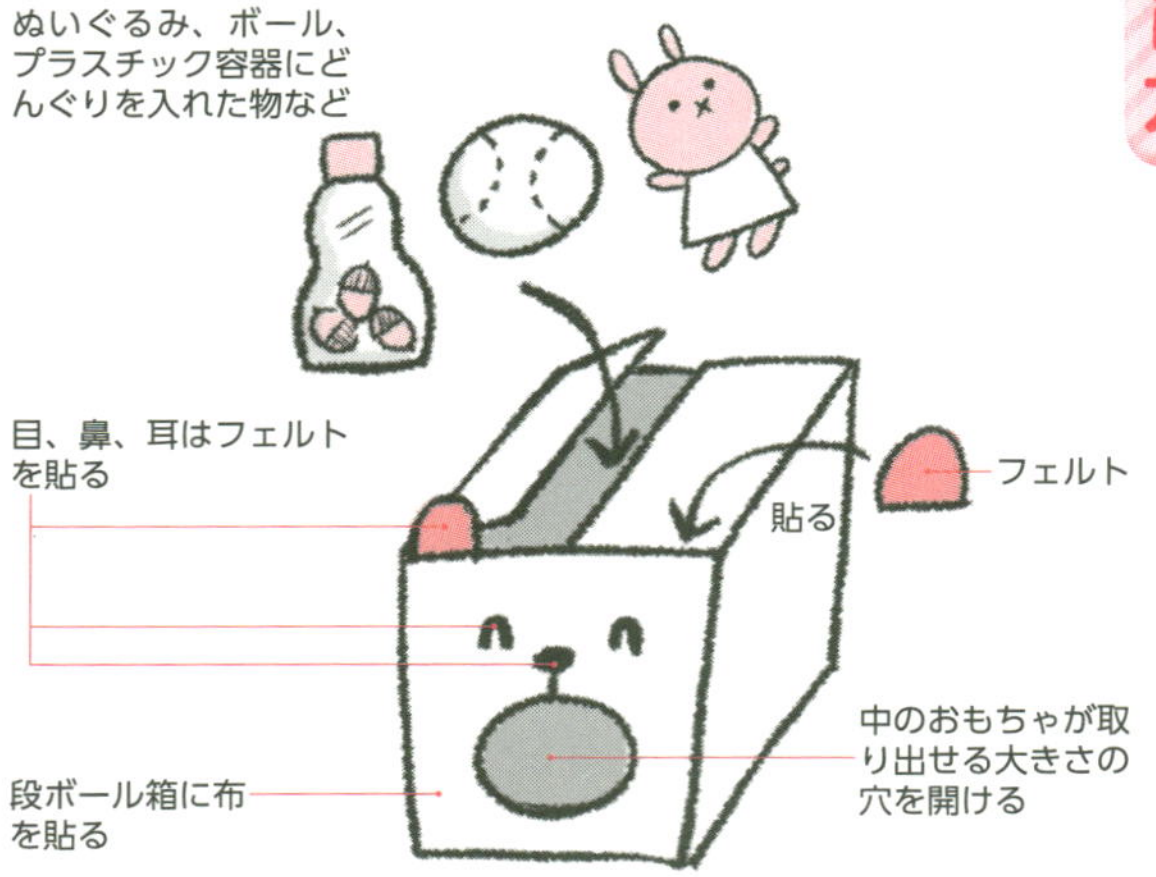
ぬいぐるみ、ボール、プラスチック容器にどんぐりを入れた物など
目、鼻、耳はフェルトを貼る
貼る
フェルト
段ボール箱に布を貼る
中のおもちゃが取り出せる大きさの穴を開ける

なにかな？
なにかな？

「なにかな？　なにかな？」など子どもの興味を引きつけるような言葉をかけながら、箱の中に手を入れて、物を取り出すように促します。

ドングリだね～

子どもが箱から取り出したら、「出たー！」「○○だね」などと声をかけ、いっしょに驚いたり喜んだりします。

遊びましょ～
いい音ね～
シャカシャカ
コロコロ～

取り出した物を使って遊びます。

1歳児のあそび

いないいないばあ

ねらい

いないいないばあ遊びを通して保育者に親しみをもつ。

1

保育者は、棚、大型積み木、カーテン、仕切りなど、体が少し隠れる場所に隠れます。

こっちにおいでー
いないいないなーい
あー

2

顔を物の下から、上から、横から出すなどして、場所を変えながら繰り返します。

ばあっ
キャッ

同じ場所で何度か繰り返したら、隠れる場所を変えて子どもの歩行を促しながら、続けましょう。

タンバリンタッチ

ねらい

目標に向かって、ジャンプしたりタッチをする動きを楽しむ。

1

保育者はタンバリンを持って座ります。子どもは保育者のところまで行き、タッチします。

ここまで
おいでー
タンバリンに、ビニールテープで動物などの装飾をします

2

保育者はタンバリンを持ち、子どもはジャンプしてタッチします。

ジャンプで
くまさんにタッチ！
シャン！
子どもが背伸びをして届く高さに持ちます。

引っ張って　引っ張って

ねらい

自分の力で引っ張って目的の物を手に入れる喜びを味わう。

作り方

トイレットペーパーの芯に、折り紙を巻くなどして飾る。

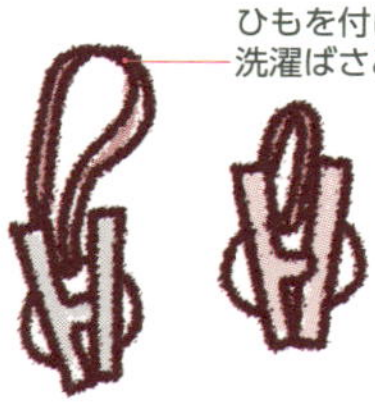

ひもを付けた洗濯ばさみ

洗濯ばさみには長短さまざまな長さのひもを通しておく。

1 長さ1mくらいの棒に洗濯ばさみのひもを通し、色筒を挟みます。

棒にひもをかける

2 子どもは立ったまま、あるいは座ったままで色筒を引っ張って取ります。

取れるかな

ポンポン コロコロー

ねらい

ボールを運んだり、捕まえたりして、ボールに触れて遊ぶことを楽しむ。

1

バスタオルなどを敷き、保育者と子どもたちはボールをその上に置いていきます。

ボールを
バスタオルの上に
置いてね

2

保育者がタオルの端を持ち上げてボールを落とします。落ちる様子や弾み方を見たり、ボールを追いかけたりして遊びます。

コロコロー
わー

フワフワ風船

ねらい

風船の感触や不思議な動きを楽しみながら保育者と遊ぶ。

1

風船を2つ膨らませて、ひもでつなぎます（風船の間隔は10㎝程度）。保育者がひもを持って揺らすのを見たり、触ったり持ったりして自由に遊びます。

2

「○○ちゃんのところに風船がいくよ」と声をかけ、その子の頭の上に風船を飛ばします。名前を呼ばれた子は、風船を追いかけたり、捕まえたりして遊びます。

保育者は、子ども同士がぶつからないように気をつけてあげましょう。

ナイスシュート

ねらい

保育者に親しみを感じながら、ボールに興味をもって遊ぶ。

1

保育者は、両腕を胸の前に伸ばして輪にします。子どもはその中にボールを入れます。

ボールが入るように、保育者の方が子どもに合わせて動きましょう。

2

子どもはボールを持ち、保育者は両足を開いて立ちます。子どもがボールを転がして両足の間を通します。

保育者が言葉をかけながら行い、ボールが通ったらほめて繰り返しましょう。

フープで ばぁっ！

子どもが保育者にフープをかけて、いないいないばあ遊びを楽しみます。

ねらい

子どもの動きと保育者の反応がセットになることで、保育者と遊ぶ楽しさを知る。

もう１人の保育者は、少し離れて座ります。

子どもといっしょにフープを運びます。

保育者は顔を隠して「いないいない」のポーズをし、子どもはフープを保育者の頭から通します。

フープが下に落ちたら、保育者は「ばぁっ！」と顔を見せます。

パクちゃんと おしゃべり

ねらい

おしゃべりやスキンシップを楽しみながら保育者に親しむ。

1

パクちゃんを作ります。

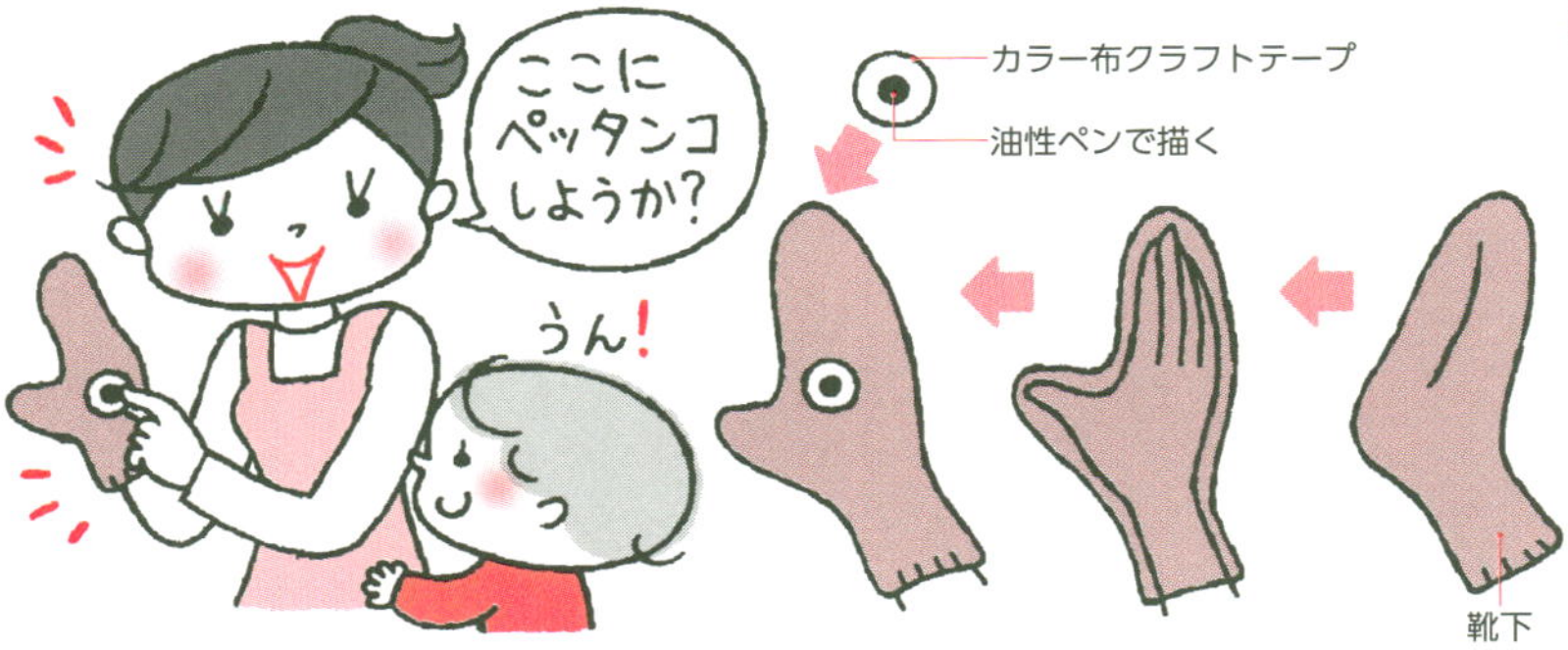
ここに
ペッタンコ
しようか？
うん！
カラー布クラフトテープ
油性ペンで描く
靴下

靴下に手を入れて、ほどよい場所に目を貼る。

2

パクちゃんを動かしながら、おしゃべりをしたり、「パクパク、食べちゃうぞ～！」などと食べるまねをしたりして遊びます。

ひろしくん
こんにちは

パクパク
食べちゃうぞー
キャー！

ティッシュで 変身

ねらい

ティッシュペーパーがいろいろな物に変化することを楽しみながら保育者と遊ぶ。

1

保育者はティッシュペーパーをヒラヒラさせながら、(唱え言葉のように抑揚をつけて)♪ヒラヒラ…なにになるかな? とうたい、ティッシュペーパーに興味を引きつけます。

2

ティッシュペーパーをいろいろな物に変身させて遊びます。

真ん中をつまんでヒラヒラさせ、ちょうちょうのように動かします。「○○ちゃんにとまれ!」と言いながら、子どもの頭や肩にそっととまったように触れます。

顔に載せて「おばけだよ〜　ヒュードロドロ」などと言葉かけします。

丸めておもちに見立てます。食べるまねをしたり、おいしそうな顔をしたりします。

ずくぼんじょ

ねらい

ジェスチャーでつくしを表現し、春が来たうれしさを保育者と共有する。

1

「ずくぼんじょ」は佐賀県の方言でつくしのことです。わらべうたを聞きながら、体を使った遊びを楽しみます。

❶ ♪ずっく

両手を頭の上で合わせてつくしになり、立ち上がって伸びます。

❷ ♪ぼんじょ

両手はそのままにしてしゃがみます。

❸ ♪ずくぼんじょ

❶❷を繰り返します。

❹ ♪ずっきんかぶって

両手はそのままにして、その場でひと回りします。

❺ ♪でてこらさい

両手はそのままにして、その場で２回ジャンプをします。

2

保育者は「まぁ、かわいいつくし見つけた！」と言って、子どものつくしを抜くように抱っこします。

かわいい
つくし
見っけた！
ニョキ
抜いた〜

ずくぼんじょ

わらべうた

ずっ く ぼん じょ
ず く ぼん じょ ずっ きん
か ぶっ て で て こ ら さい

たこさんを 捕まえろ！

ねらい

たこを捕まえたり引っ張ったりして、思いがけない動きを楽しんで遊ぶ。

1 高い所から、たこを2～3個つるします。

たこは、子どもが背伸びをして届くくらいの高さにつるします。

作り方

ポリ袋に新聞紙をいっぱいに詰めて口を結び、スズランテープを8本貼る。

2 たこを捕まえたり、引っ張って手を放したりして遊びます。

雨が ポットン！

ねらい

みんながタイミングを合わせることで、楽しさを共有しながら遊ぶ。

1

玉入れの玉を頭の上に載せて、両手で押さえます。

2

「せーの、パッ！」で両手を離し、玉を落とします。みんなでタイミングを合わせて遊びます。

「あ、雨かな？」「なにか降って来たね」などと言葉をかけながら遊びましょう。

タオルと 仲よし

ねらい

タオルで遊びながら保育者との関係を深め、友達といっしょに遊ぶ楽しさを知る。

1

ハンドタオルを広げてバタバタさせ、タオルの動く様子を楽しみます。

バタバタ
しますよ〜
バタバタ
バタバタ

2

ハンドタオルを畳んで、子どもの頭に載せ、保育者が10まで数えます。落ちなければ成功です。

1、2、3…

簡単な歌をうたう間としてもよいでしょう。

ボールを 捕まえる

ボールを受け取った保育者は、ワンバウンドしたボールが子どもの胸の前に行くように投げます。子どもはバウンドしたボールをキャッチします。

ねらい

弾むというボールの特性を知り、ボールを追いかけたり捕まえたりする遊びを楽しむ。

○○ちゃんの
ボールだよ
捕まえてね
うん

はいっ

すごいね！
パチパチ
取れた！

バウンドするボールをキャッチするのが難しいときは、転がしたボールを捕まえてもよいでしょう。

おふろやさん

ねらい

お風呂の歌遊びで、保育者や友達とふれ合って遊ぶ。

保育者と子どもの周りをお風呂に見立て、みんなでお風呂に入ったイメージを楽しみます。

1

♪おふろやさんは いーきもち

気持ちいいねー

お湯につかったポーズで。

2

「♪ジャブジャブおよいで」「♪せなかをゴシゴシ」「♪シャンプーホワッと」はそれぞれ、歌詞のイメージを表現して遊びます。

1番

♪ジャブジャブ およいで

泳ぐまねをします。

2番

♪せなかをゴシゴシ

みんなで同じ方向を向いて、前の子の背中を洗うまねをします。

3番

♪シャンプーホワッと

ひとりの子の頭をみんなで洗うまねをします。

3

♪う〜んいいきもち

うーん
いい気持ち〜

両手を高く上げて“いい気持ち”を表現します。

おふろやさん

作詞・作曲／犬飼聖二

お ふろ やさ んは いー き もち
ジャ ブジャ ブお よい で
せ なか をゴ シゴ シ
シャ ンプ ーホ ワッ と
う〜 ん いいきもち

きょうは いい天気

保育者と子どもが向かい合わせになり、2人1組になって遊びます。

ねらい

大きい波、小さい波の違いを動きで表現し、リズミカルに体を動かすことを楽しむ。

1 ♪きょうはいいてんき

それぞれ両手で自分の膝をたたきます。

2 ♪ラララ

3 ♪おふねにのって でかけよう

❶❷と同様にします。

3回手を合わせます。

4 ♪ザンブリ

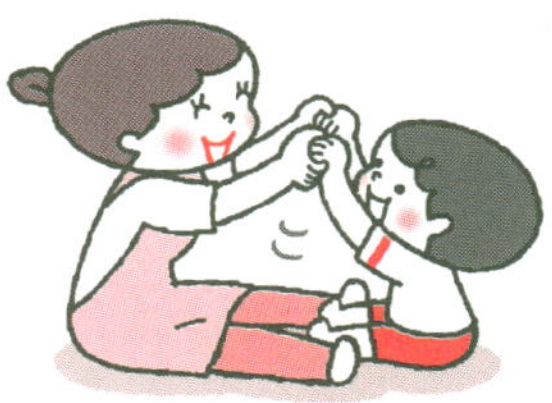

つないだ手を上げます。

5 ♪チャプチャプ

6 ♪ザンブリ チャプチャプ

❹❺と同様にします。

つないだ手を小さく上下に振ります。

7 1番

♪おおきななみが ザンブリコ

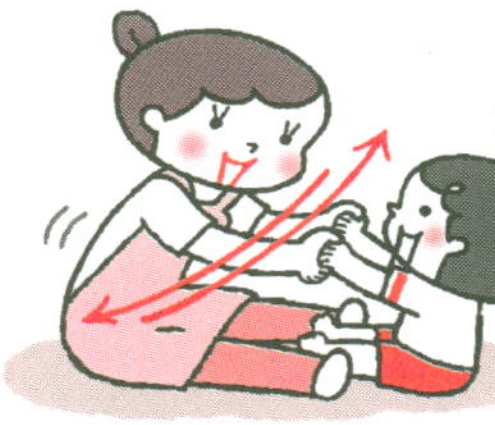

手をつないだまま体を大きく左右に揺らします。

2番

♪ちいさななみが チャップンコ

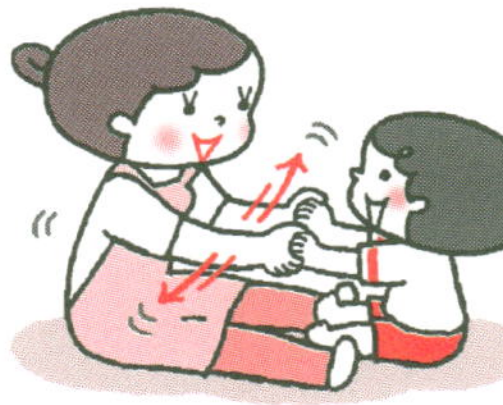

1番に準じます。「♪ちいさななみがチャップンコ」の部分は、❼の動作を小さく行います。

きょうはいいてんき

作詞・作曲／浅野ななみ

たこさん だっこでギュー

1

大型のたらいなどに水を入れて、たこさんを浮かべます。子どもたちはそれを捕まえて、ギュッと抱いて、プニュッとした感触を楽しみます。

作り方

風船に水を入れて膨らませ、たこの顔を描く。風船の大きさは大、中、小といろいろ用意する。
※水は風船の2/3くらいまで入れます。

2

たらいをもう1つ用意し、たこさんを移し替えて遊びます。

ねらい

風船だこを捕まえたり運んだりして、水の冷たさ、やわらかさを感じる。

宝物 みーつけた

ねらい

水の中から宝物を見つけるおもしろさを楽しみ、自然に水に慣れていく。

1

プールの中に宝物を入れます。

宝物は、小さなペットボトルにビーズや小石と水を入れて作ります。
カラービニールテープを貼って、見つけやすくした物も用意しましょう。

2

子どもたちはプールの中に入り、宝物を見つけて遊びます。

1歳

夏のあそび

トンネルくぐれ

ねらい

水の中に体をつけ、トンネルをくぐる遊びの中で、無理なく水に慣れる。

1

保育者はプールの真ん中に座り、両手を広げてプールの縁を持ちます。子どもたちは腕の下をくぐります。

おててトンネルを
くぐってね～

2

保育者はスズランテープを結び付けたひもの両端を持ち、子どもたちはスズランテープをかき分けるようにしてくぐります。

サラサラしている
トンネルですよ～

お船でスーイスーイ

ねらい

船遊びを通して水で遊ぶ楽しさを知る。

1

発泡スチロールの箱に、油性ペンで装飾をします。

2

船をプールに浮かべ、子どもを1人乗せます。保育者は船をしっかりと支えてプール内を1周します。

怖がる子には、保育者が前に回り、子どもの顔をしっかり見ながら引いてあげましょう。

コロコロ缶キャッチ

ねらい

保育者といっしょに缶を追いかけたり、キャッチしたりして体を十分に動かして遊ぶ。

作り方

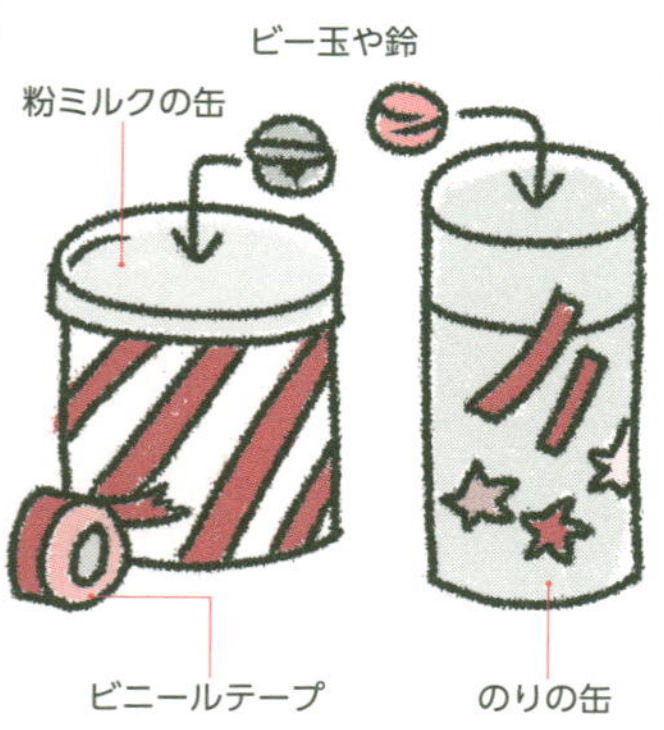

空き缶にビー玉や鈴を入れてしっかりと蓋をする。ビニールテープやキラキラしたシールなどで飾る。

1

保育者と子どもは向かい合い、缶を転がします。

2

坂を作って転がすと勢いがつき、より活動的な遊びになります。

超ロング！ しっぽとり

1

保育者は長いスズランテープを腰に挟み、子どもたちに言葉をかけます。

ねらい

思いがけない動きをするスズランテープを追いかけながら、楽しく走る。

2

保育者は走り、子どもたちが追いかけてしっぽをとります。

でこぼこ山登り

マット2枚を十字に重ね、その下に丸めたタオルやクッションなどを入れて高さをつけます。子どもたちは、山を登ったり降りたりして遊びます。

ねらい

全身を使って、登ったり降りたりの山登りごっこを楽しむ。

ボールは どこだ？

保育者はボールを持っていることを子どもたちに話してから、体のどこかに隠します。それを子どもたちが探し出します。

ねらい

ボールを探すという楽しさと見つけたときの喜びを味わう。

保育者は取られないように子どもをかわしながらも、適当なタイミングで取らせてあげましょう。

輪になって 歌あそび

ねらい

手をつないでみんなで動くことを通して、仲間を意識して遊ぶ。

1

みんなで手をつないで輪になり、「どんぐりころころ」をうたいます。「♪どんぐりころころ……」で回り、「♪どじょうがでてきて　こんにちは」で中央へ向かって歩きます。

♪どんぐりころころ…
クルクル

2

「♪ぼっちゃん　いっしょに　あそびましょう」で後ろに下がり、みんなで座ります。２番も同様に続けましょう。

♪ぼっちゃん　いっしょに
あそびましょう
サッ
サッ

●歌●
「どんぐりころころ」（作詞／青木存義　作曲／梁田　貞）

引っ張れ！大きなおいも

ねらい

友達と協力して思い切り力を出し、おいもを引っ張る遊びを楽しむ。

1

おいも役の保育者は、両足を前に伸ばして床に座ります。子どもたちは、おいも役の保育者の手や体を押したり引いたりして動かします。

2

子どもたちの動きに合わせて、おいも役の保育者は、左右に体を大きく動かします。

3

おいも役の保育者はタイミングを見て、「抜けた！」と言いながら床の上に転がります。子どもたちは「ムシャムシャ」と言いながら、おいもを食べるまねをして遊びます。

長縄で遊ぼう

ねらい

跳び越える、追いかけるなど、いろいろな動きを長縄を使って経験する。

1 揺れる長縄をまたいで越えます。

2 長縄を追いかけます。

3 跳んだり、しゃがんだりして遊びます。

保育者が長縄の両端を持ち、並んだ子どもたちの足の下を通します。後ろまで行ったら、長縄を頭上に上げて、前に戻します。

ダイナミックに ジャンプ！

足、胸、お尻など、いろいろな所からジャンボクッションに飛び込んで遊びます。

飛び込んでー
えいっ
ピョーン！

大勢が同時に飛び込まないよう注意しましょう。

ねらい

全身を使って、思い切り飛び込む気持ちよさと楽しさを味わう。

作り方

ファスナー付きのシーツが便利

ファスナー付きのシーツの中に不用な冬物の衣類やスポンジ、ウレタンなどをたくさん入れる。

※保護者に「ジャンボクッションを作りたいので、不用なセーターやダウンジャケットを集めています」と協力を呼びかけましょう。
※不用なマットレスを切って詰めても、よいクッションになります。
※使う前に十分にクッション性があるか、安全を確認しましょう。

おさらに たまごに

リズムに合わせて、両手を開いたり握ったりして遊びます。慣れてきたら、ゆっくりしたり速くしたりして、スピードを変えて遊んでみても楽しいですね。

ねらい

両手を開いたり握ったりする、リズミカルな動きを楽しむ。

1回目

1 ♪おさらに…はしかけ

握った両手をリズムに合わせて上下に振ります。

2 ♪ホイ！

タイミングを合わせて両手を開きます。

2回目

1 ♪おさらに…はしかけ

両手を開いたまま、リズムに合わせて上下に振ります。

2 ♪ホイ！

タイミングを合わせて両手を握ります。

ホイ
ホイ

「ホイ！」で拍手をしたり、膝をたたいたり、友達と手を合わせたりして、動きに変化をつけてみましょう。

おさらにたまごに

わらべうた

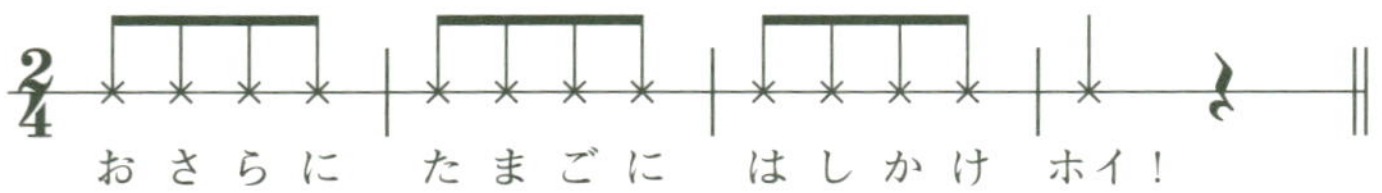
おさらに　たまごに　はしかけ　ホイ！

どんぐりころちゃん

保育者と子どもが向き合い、手遊びのあと、じゃんけんのまねをして遊びます。

ねらい

どんぐりをイメージしながら手遊びを楽しみ、じゃんけんのまねをして遊ぶ。

1 ♪どんぐりころちゃん

向かい合って座ります。両肘は曲げて、両手をグーにして、顔の前で左右に揺らします。

2 ♪あたまはとんがって

両手をパーにして、頭を４回軽くたたきます。

3 ♪おしりはぺっちゃんこ

お尻を４回軽くたたきます。

4 ♪どんぐりはちくり

両手はグーにして、胸の前でかいぐりをします。

5 ♪しょ

じゃんけん
ポン！

「♪しょ」でじゃんけんポン！　じゃんけんがまだわからなくても、ポーズをして気分を味わいましょう。

どんぐりころちゃん

わらべうた

どんぐり　ころちゃん
あたまは
おしりは
とんがって
ぺっちゃんこ
どんぐりはちくり　しょ

体あちこち かくれんぼ

ねらい

保育者の言葉をよく聞いて、すばやく判断して遊ぶ。

1 大きな布を2～3枚広げます。

2 「マットにかくれんぼ…」とリズミカルに言い、最後に「足がかくれんぼ」と言います。子どもたちは布の下に足を隠します。

頭、背中、両手、お尻など、隠すところをいろいろ変えて遊びましょう。

落ちないように…

ねらい

バランスよくブロックに乗ったり歩いたりする遊びを楽しむ。

1

牛乳パックブロックの上に子どもが乗ります。落ちないようにバランスよく乗りましょう。

落ちないように
がんばってー
1、2、3……
ユラユラ

保育者は数を数えるなどして、子どもたちのやる気を促しましょう。

2

牛乳パックブロックでコースを作り、その上を歩きます。1個ずつ置いた所はジャンプで跳び越えましょう。

そこは
ジャンプしてー

ブロックは、牛乳パックの中に、平らに畳んだ牛乳パックを３～４枚入れて補強し、口を平らに折り重ね、クラフトテープで留めて作ります。

川跳びジャンプ！

ねらい

ブルーシートを川に見立ててジャンプで跳び越え、全身を使って遊ぶ。

1

マットを15㎝くらい離して2枚敷き、その間に巻いたブルーシートを置きます。ブルーシートに魚を泳がせます。

なにしてるの
お魚だ
川にお魚がいるのよ
画用紙を魚の形に切ります。

2

保育者の言葉かけで、川をジャンプして遊びます。

川に落ちないようにジャンプしようね
えいっ

触れ合い椅子あそび

ねらい

2人並んで座るという遊びを通して、友達と触れ合って遊ぶ楽しさを味わう。

1

椅子を2つ横にくっつけた状態で、円形に並べます。ピアノで並足の曲を弾いて（保育者がうたったり、音楽を流してもよい）、円の中を歩きます。

2

「ストップ」の合図で、子どもたちは近くの椅子に座ります。座ったまま2人で手をつないで歌をうたいます。歌い終わったらまた歩き、繰り返し遊びましょう。

ぴったんこ!!

ねらい

友達と体をくっつける遊びで、友達と触れ合って遊ぶ楽しさを味わう。

1

保育者は子どもたちの好きな曲が入ったCDをかけ、子どもたちは音楽が流れている間、自由に踊ります。

2

保育者は曲を途中で止め、「お友達の手(足、お尻など)とぴったんこ!!」と言います。子どもたちは、保育者が言ったところを友達同士でくっつけ合って遊びます。

お友達のおててとおてててぴったんこ！
ぴったんこ
ぴったんこ

いろいろなところをくっつけ合って遊んでみましょう。

お尻とお尻でぴったんこ!!
ほっぺとほっぺでぴったんこ!!

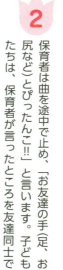

こんやはクリスマス

ねらい

リズミカルな歌とスキンシップでクリスマスへの期待を高める。

1

サンタさんが袋を担ぐ動作で、クリスマスの気分を盛り上げます。くすぐってスキンシップを楽しみましょう。

❶ ♪こんやは

右手、左手の順に、人さし指で指します。

❷ ♪クリスマス

両手を胸の前で交差したあと、両手を広げてポーズします。

❸ ♪サンタがやってくる

両手をグーにして肩に袋を担いでいるサンタのまねをします。

※歌の後半「♪フルフルー～やってくる」の動きは❶～❸と同じです。

2

保育者は子どもをギューッとハグしたあと、くすぐります。

こんやはクリスマス

作詞・作曲／犬飼聖二

卵を守れ！

ねらい

みんなで協力して卵を守ったり取り返したりすることで仲間意識を育む。

1

1か所に卵に見立てた紅白玉を置き、子どもたちが周囲を囲んで守り、保育者がそれを取りに行きます。

ぼくたちの卵だよ！
あげないよ！
卵大好きかいじゅうだー取っちゃうぞー
ガオー

保育者は怪獣のまねをするなどして、子どもたちとやりとりを楽しみます。

2

保育者が卵をいくつか取ったあと、今度は子どもたちがそれを取り返しに行って遊びます。

よーし取り返すぞ
取られないぞガオー
見つけたー！

ドンドコ おに退治

ねらい

ボールを投げておにを退治するという、行事にちなんだ遊びを楽しむ。

1

保育者はおにの顔を壁やボードに貼り、ボールを用意します。子どもたちにおに退治をすることを伝えます。

カップめんのふたや空き箱など、身の回りにある素材に目、口、鼻、髪の毛などを付けて、おにの顔を作る。
みんなでおに退治をしようね
負けないよ！
きゃっおにだ！

2

子どもたちは、おに目がけてボールを投げて遊びます。保育者は「おには外！」と声をかけたり、おにに当たったときは「大当たり！」などと、子どもの意欲を盛り上げる言葉をかけます。

おにー！
エイッ！
おには
外！
ヨイショ

1歳

冬のあそび

玉入れ雪だるま

ねらい

雪玉を投げて遊び、最後は雪だるまを作るという季節感のある遊びを楽しむ。

1 保育者はたらいを持ちます。合図で子どもたちは雪玉をたらいに投げ入れます。

いくよー
雪玉をここに投げてね
たらいは子どもの目の高さよりも上に持ちます。
新聞紙を丸めてポリ袋に入れ、口を留めた雪玉を用意します。

2 全部の雪玉が入ったら、たらいを逆さまにして、上から雪玉を降らせます。

ワー
雪玉が降ってくるよー
キャー

3 1と2を繰り返して十分楽しんだら、雪玉を2つ合わせて、雪だるまを作りましょう。

両面テープで2つを合わせます。
できたー
丸シールなどで顔を作ります。
雪だるまさんにしましょうね

チョッキおにごっこ

ねらい

捕まらないように逃げるスリルを感じながら、おにごっこのおもしろさを体験する。

作り方

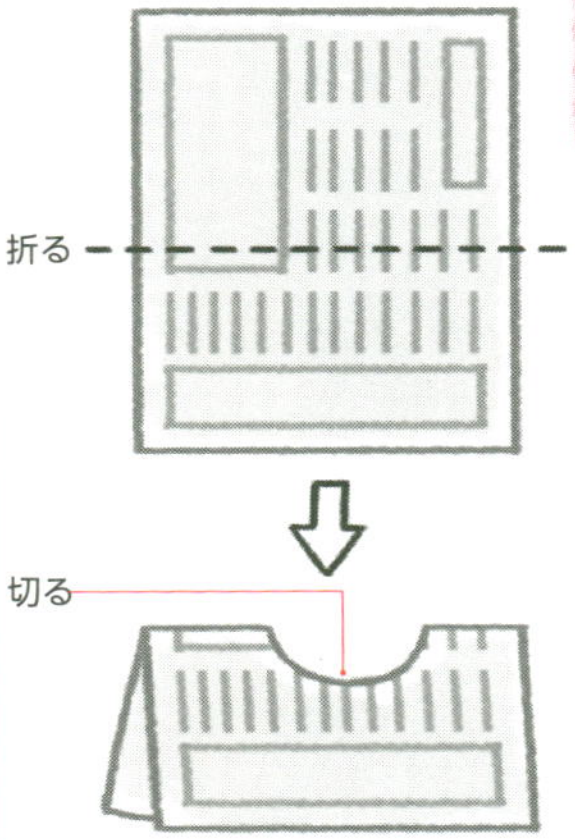
折る
切る

新聞紙を半分に折り、頭を入れる穴を開ける。

1 保育者がおにになります。子どもたちは、チョッキを身につけます。

先生が
おにになります
はーい

2 保育者は子どもたちを追いかけ、捕まえた子のチョッキを破きます。

捕まえたー
逃げろー
ワー
ワー

チョッキを破られた子は
その場に座ります。

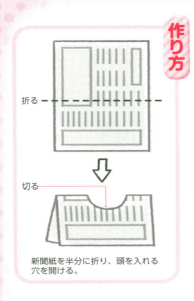

遊び案執筆（50音順）

浅野ななみ（乳幼児教育研究所）

片山喜章（社会福祉法人種の会、神戸常盤大学客員教授）

菊池一英（日本児童教育専門学校専任講師）

高崎はるみ（あそび工房らいおんバス）

松家まきこ（パネルシアター作家、淑徳大学特任講師、
親子教室「ぴょんぴょんくらぶ」主宰）

表紙・扉絵	たちのけいこ
本文イラスト	いとう・なつこ、川添むつみ、坂本直子、中小路ムツヨ、町塚かおり、やまざきかおり、Meriko
カバー・扉デザイン	株式会社リナリマ
本文デザイン・DTP	株式会社フレア、株式会社エディポック
楽譜浄書	株式会社クラフトーン
本文校正	有限会社くすのき舎
編集	石山哲郎、田島美穂

まいにち元気！　0・1歳児のあそびBOOK

2016年2月　初版第1刷発行

編者／ポット編集部　©CHILD HONSHA CO.,LTD.2016
発行人／浅香俊二
発行所／株式会社チャイルド本社
〒112-8512　東京都文京区小石川5-24-21
電話／03-3813-2141（営業）　03-3813-9445（編集）
振替／00100-4-38410
印刷・製本／共同印刷株式会社
ISBN978-4-8054-0240-5
NDC376　24×19cm　80P　Printed in Japan
<日本音楽著作権協会（出）許諾第1514926-501号>